Trabajos sobre sabiduría antigua y el conocimiento de uno mismo

Max Espíritu

Copyright © 2023 Max Espíritu
Copyright © 2023 Generis Publishing

All rights reserved. This book or any portion thereof may not be reproduced or used in any manner whatsoever without the written permission of the publisher except for the use of brief quotations in a book review.

Title: Trabajos sobre sabiduría antigua y el conocimiento de uno mismo

ISBN: 979-8-88676-675-2

Author: Max Espíritu

Cover image: https://unsplash.com/

Publisher: Generis Publishing
Online orders: www.generis-publishing.com
Contact email: info@generis-publishing.com

Para mi familia

CONTENIDO

1. **Tales de Mileto: Un *héroe* enigmático** 9
   Introducción 9
   Un Héroe Milesio 10
      Héroes en la Antigua Grecia 10
      Héroes Fundadores: *Hērōs Ktístes* 11
      Un Heroon de Mileto 11
      Héroe como categoria Sapiencial 12
   Sabio Enigmático 14
      El Enigma 14
      El Sabio 14
      El Filósofo 15
   Conclusión 17
   Bibliografía 19

2. **Una Cosmovison Historica de la Mediocridad en la Tradicion Sapiencial de la Grecia Antigua** 20
   Etimología de la mediocridad 20
   La educación en virtud por los poetas 21
   Las sentencias de los Siete sabios: mesura 23
   Aristóteles 24
   Conclusiones 25
   Bibliografía 26

3. **Russo Delgado: Krishnamurti, el conocimiento de uno mismo** 28
   Introducción 28
   Russo Delgado y la obra inconclusa: *Krishnamurti. Los grandes temas* 29
   El conocimiento de uno mismo en el *Krishnamurti* de Russo Delgado 29
   La praxis filosófica de Krishnamurti 31
   Conclusión 33
   Bibliografía 33

4. **Sabiduria Oracular en los Andes** 35
   Introducción 35
   Oraculos en la Antigüedad 36

- ¿Qué es un oráculo? 36
- Oráculos y sabiduría 36
- La *verdad* del saber oracular 38
- Oraculos en el Tahuantinsuyo 39
  - Oráculos en el Tahuantinsuyo: importancia, función principal 39
  - Oráculos griegos y andinos. Similitudes y diferencias 40
- Pronóstico de Huayna Capac 41
  - La profecía de Huayna Cápac: implicancias sociales y políticas 41
  - Fin de la tradición oracular 42
- Conclusión 42
- Bibliografía 43

1. Tales de Mileto: Un *héroe* enigmático

Introducción

El hecho de estudiar filosofía es sin duda contracultural. Las temáticas que abordamos en nuestras lecturas y conversaciones académicas se suponen nos permiten prestar una mayor atención a lo que sucede a nuestro entorno. A este respecto, no podemos ser ajenos a la conciencia de estar en un periodo caótico. La política, la ética, la justicia y el devenir de nuestra educación son temas urgentes que no sólo han interesado hoy.

En este sentido y desde el estudio que les presentaré intento llamar la atención en cuanto a una manera de interpretar *cómo* se realizaba la *filosofía*. Para tal fin, tomo a un conocido personaje del cual estoy seguro hemos oído hablar. Pero, ¿cuánto en verdad lo conocemos?, ¿qué nos puede decir ahora este griego? ¿Puede Grecia hablarnos hoy? Apuesto a que sí. Y no por ello me inscriban en el eurocentrismo. Europa no es Grecia. El mundo de los héroes homéricos, del oráculo délfico, de los sabios y filósofos es un legado para toda la humanidad. No se inscribe en un continente por más cerca que esté de sus restos.

En las siguientes páginas recorreremos juntos senderos míticos, históricos, enigmáticos, sapienciales y finalmente filosóficos, todo esto para sacar a la luz una lección añeja: eres lo que haces. Las palabras nos servirán para transmitir testimonios y trasladar términos griegos que de otra forma no sería posible entenderlos, pues su antigua lengua que aún nos acompaña no ha muerto, mas sí enmudecido.

Un Héroe Milesio

Héroes en la Antigua Grecia

Educar en tiempos remotos fue un asunto definitivamente crucial. Incluso podríamos decir que la vida de un colectivo se decidía en base a los valores que se aceptaban como deseables. Por ello, no es gratuita la alta estima que la *Paideia* helena alcanzó entre diversos pueblos que la tomaron como referente.

Y si vamos a hablar de los griegos no podemos olvidarnos de mencionar al educador por excelencia de la Hélade: Homero (Jaeger, 2010). En las composiciones que se le atribuyen destacan unos personajes categorizados como *héroes*. La importancia de estos reside en que, además de estar ordenados *por primera vez* según jerarquías y singulares características (Burkert, 2007), son ejemplos predilectos de la areté (virtud) del hombre mortal.

Ver a un Aquiles sufriente pero impetuoso frente a su destino, a un Diomedes ávido de honor y que se enfrenta a los dioses, a un Héctor que lucha por su Troya y por su nombre o a un Odiseo que recorre el largo camino hacia la mesura impactó enormemente en la tradición poética posterior, los trágicos, quienes reelaborarían tales anécdotas en función de sus propias circunstancias resaltando el sinsentido que rodea a la vida misma.

Volviendo a los héroes homéricos, más que ejemplos a seguir, estos personajes fueron *la medida* del comportamiento colectivo y un legado valioso que el pueblo heleno no se cansó de honrar (Burkert, 2007). En tiempos modernos los héroes se identificaron, desde los estudios del psicólogo y psiquiatra suizo Carl Gustav Jung, con *arquetipos* del inconsciente colectivo. Lo que no ha hecho sino resaltar su importancia en el estudio de la psique humana.

En el transcurrir de la cultura griega la época mítica dio paso a la histórica, el siglo VIII a.C. devino en un escenario político, allí los referentes de conducta continuaron ejerciendo su influencia aunque no sin variación. Es con Hesíodo, el otro gran educador, que las hazañas bélicas pasarán a un segundo plano siendo el hombre de campo ahora el personaje a retratar (Jaeger, 2010).

De la *sabiduría ctónica* hesiódica a la *sabiduría política* de los Siete Sabios sólo hay un paso. La lucha anterior contra los dioses se desplazará a la lucha entre mortales. Ahora, es el *ágora* el lugar donde se mostrará el valor ante los demás y es en la vida diaria donde uno alcanza la virtud.

Héroes Fundadores: *Hērōs Ktístes*

Adentrándonos en la Grecia del siglo VII y VI a. C. encontraremos que ἥρως (*héroe*), se dice en dos sentidos, uno para designar la figuras homéricas y otro para referirse a un "difunto que desde su tumba ejerce un poder benéfico o maligno y que exige una veneración apropiada" (Burkert, 2007, p.274). Este último sentido se lo debemos a la influencia de la poesía épica que propagó el culto y la fama de los "venerables difuntos".

Los *héroes*, como los dioses, reciben libaciones, se le adjudican victorias, se le dirigen oraciones, se jura en su nombre y se dan leyes para su veneración, es decir, participan de lo sagrado (Burkert, 2007). Sin embargo, si bien hay similitudes entre lo heroico y lo divino resaltan también las diferencias.

Los héroes están vinculados a un determinado lugar, centro de identidad para los grupos locales, los dioses no. Las ciudades pueden adorar a múltiples divinidades e identificarse con ellas, esto no ocurre con los héroes quienes se inscriben dentro del *prestigio de los orígenes*. Nos referimos a lo siguiente: cuando una determinada *polis* es fundada lo es siempre por un *héroe* al cual se le denomina ἥρως κτίστης, *hērōs ktístes, héroe fundador*.

Un *hērōs ktístes* que realiza un κτίζω /*ktízō*/, ya simbólico ya material, al morir no puede ser enterrado sino cerca al *ágora*, allí se le construye un recinto especial llamado *Heroon* el cual será un lugar sagrado donde los ciudadanos mostrarán su respeto y veneración.

Los *héroes* son una instancia superior que se distinguen, aunque no totalmente, de la humana. Ellos son «más fuertes» que el común mortal. Fuerza que usualmente se manifiesta indirectamente y no siempre de forma positiva. La literatura nos habla de sequías, epidemias, nacimientos insalubres, conflictos y discordias constantes entre otros (Burkert, 2007). Frente a estas señales de malestar la *polis* responde aplacando al *héroe*, retomando su culto o haciéndole una ofrenda por lo cual se espera beneficios del mismo.

Un Heroon de Mileto

Ahora bien, los *héroes fundadores* han vuelto a aparecer en nuestra época debido a las investigaciones geo-arqueológicas realizadas en Mileto hace no más de diez años del presente. Los académicos han redescubierto información de esta antigua metrópoli. Por ejemplo, se corroboraron noticias lejanas como las de Plutarco quien habló de una tumba antigua donde se encontrarían los restos de un famoso ciudadano milesio (Herda, 2011). En su obra *Vidas Paralelas* líneas 12.11.1-12.1 encontramos el siguiente pasaje.

ὅμιον δέ τι καὶ Θαλῆν εἰκάσαι λέγουσι· κελεῦσαι γὰρ αὐτον ἕν τινι τόπῳ τῆς Μιλησίας φαύλῳ καὶ παρορωμένῳ τελευτήσαντα θεῖναι, προειπὼν ὡς ἀγορά ποτε τοῦτο Μιλησίων ἔσται τὸ χωρίον.

"Algo parecido dicen que adivinó también Tales; pues dio instrucciones para que a su muerte lo enterraran en un lugar de la región de Mileto pobre y abandonado, prediciendo que ese lugar sería algún día el ágora de los milesios." (Plutarco, trad. 2008)

No pudo haber otro lugar más indicado que el *ágora* para el descanso de tan ilustre ciudadano, reconocido como un *hērōs ktístes* y por lo cual se le construyó un *Heroon*[1] en su honor. Los asiduos investigadores modernos tienen pistas de dónde podría encontrarse el *Heroon* de Tales, pero hasta ahora tal empresa les ha sido esquiva, no así lo que se puede decir del milesio.

Reconocido en la antigüedad como sabio, político, filósofo, matemático, astrónomo, hombre práctico, en resumen, virtuoso. Indiscutible merecedor de todo reconocimiento. Tales se nos presenta ahora como un *héroe*. Mileto lo elevó a la categoría de segundo *hērōs ktístes* (Herda, 2011) y por ello le dio sepultura en el lugar reservado sólo para los fundadores. No en vano leemos en la siguiente inscripción de antiguo.

τόνδε Θαλῆν Μίλητος Ἰὰς θρέψασ' ἀνέδειξεν ἀστρολόγων πάντων πρεσβύτατον Σοφίαι. (Ant. Pal. VII 83)

"A este Tales la Jonia Mileto que le crio lo ha mostrado como astrólogo y el más venerable de todos por su sabiduría" (DL. I, 34).

Ya mencionamos que ser *héroe* en la antigua Grecia era participar de la esfera divina, pues, tanto estando vivo como después de muerto el héroe ejerce una *fuerza superlativa* que lo separaba de los demás. Todo ello ahora nos sirve para contemplar a un Tales distinto. Nos presenta a un *héroe* griego en todo el sentido de la palabra.

Héroe como categoria Sapiencial

Una vez realizadas las pesquisas históricas veamos qué nos trae esta categorización heroica del milesio. ¿Cuánto nos aclara y hasta donde nos es permitido

---

[1] No es el único que tuvo tal privilegio pues Mileto es una de esas famosas ciudades donde uno puede encontrar más de un *Heroon* circundando la plaza principal, están allí los recintos de emperadores romanos, generales macedónicos y de los propios fundadores de la ciudad, esto es de sus héroes. No nos es extraño que sea así pues las actividades comerciales que florecieron allí permitieron que sus habitantes se relacionen con múltiples culturas del mediterráneo y que estas también se instalen en Mileto.

usar tal categoría? ¿Cuánto aporta en la comprensión de la filosofía griega contemplar a un Tales heroico?

Respondiendo la primera interrogante diré que en mi exposición ya adelanté que la *categoría cualitativa* de *héroe milesio* ha surgido del *acercamiento contextual* a Tales; sin embargo, se requiere un ejercicio conceptual que aclare el término y lo limite. Ahora bien, el héroe sólo es tal si identificamos en él una δύναμις *(fuerza)* singular. Por *δύναμις* entendamos *capacidad extraordinaria que permite la realización (ποίησις) de algún evento primordial realizado por medio de una acción (πραξις)*. Así, definido el concepto de *fuerza* que subyace a la categoría *héroe* diré que esta particularidad nos permitirá comprender el enlace entre el *aspecto vital* y *el accionar* del mismo. Por otro lado, si nos ubicamos enteramente en la Grecia de los siglos VII y VI a. C. lo heroico solo podrá brindarnos hasta el momento dos acepciones una homérica y otra política. Hasta aquí los límites y claridad del asunto.

La segunda cuestión que relaciona *lo heroico* con *lo filosófico* requiere de pasos previos. El primero es poner en claro qué entendemos por *filosófico*. Lo *filosófico*, propongo, *es una actividad humana especulativa, esto es, teórica (θεωρία), que busca contemplar la verdad (ἀλήθεια) por medio de una racionalidad particular*.

En primer lugar, diré que la relación del *actuar especulativo* del filósofo con la *dinámica heroica* se *complementa*: lo heroico ligado principalmente a la realización (ποίησις) y lo práctico (πράξις); mientras que lo filosófico, aunque también realiza (ποίησις) tiene una fuerte carga teórica (θεωρία).

En segundo lugar, tanto la *fuerza superlativa del héroe* como la *búsqueda contemplativa de la verdad* del filósofo hacen que ambos se distancien del plano profano y se dirijan a una esfera superior que a pesar de no ser totalmente divina, recibe una validación límite de lo humano.

En resumen, un Tales heroico-filosófico se desenvolvería vitalmente tanto desde una *esfera práctica* superior como de una *esfera teórica* igualmente excelente.

Las relaciones encontradas aguardan por un detalle en la explicación de los nexos entre la ποίησις (el realizar), la πράξις (lo práctico) y la θεωρία (la teoría), además requerimos entender qué le permitió un acercamiento hacia lo sagrado sin dejar de pisar tierra.

Sabio Enigmático

El Enigma

La actividad teórica del filósofo tiene una historia detrás que no podemos eludir en caso queramos llegar a una comprensión del proceso que va desde la *divina locura* a la *humana cordura* del logos. Por ello, empiezo por el *enigma* que implica toparnos con otros ámbitos de la realidad.

Iniciando con los dioses, y de ellos con Apolo iremos notando cómo la sabiduría fue gestada y traída al mundo mortal. Mencionado dios, quien actúa desde lejos y lleva en trance a sus acólitos, habla en sombras con un leguaje cuasi-comprensible provocando complicados enigmas (Colli, 2000).

Esta divinidad de consuno con Dionisos representa la espiritualidad griega, por ello su imprescindible mención. (Nietzsche, 1872). Los estudios clásicos afirman que con Apolo el ámbito divino toca lo humano siendo el templo Délfico la prueba. Ahí es cuando la enigmática σοφία (sabiduría) griega llega a ser conocida por el género mortal.

En su recepción se ve con nitidez el paso de la μανία (locura) a la σοφία (sabiduría). Los poseídos encargados de trasladar el mensaje sagrado son maniáticos celestiales (μαντικός), sus intérpretes vendrán después, y más lejos incluso estarán los sabios quienes enfrentan al enigma buscando un orden, un principio (ἀρχή), en medio de tanta espesura verbal.

El Sabio

Ya que llegamos a la sabiduría no nos queda sino hablar de su practicante, el *sabio*. ¿A quiénes se les conocía con este nombre? La palabra misma nos conduce a una interpretación. Σοφός, *sapio*, sabio, se dice de las personas que han demostrado *gran destreza* en algún arte, son aquellos de buen gusto, finos saboreadores (Nietzsche, 1873).

El sabio como el héroe se enfrenta además contra algo que lo reta a demostrar su fuerza, se mide ante el enigma divino. Compite con agonía, no siempre saliendo ileso. No todo héroe es sabio, pero todo sabio es ciertamente un héroe.

Las similitudes nos conducen a hablar de las diferencias. Recordemos que el héroe se inscribía dentro de lo divino, mientras al sabio lo podemos ubicar como máximo representante de lo humano. Hay ciertamente una brecha entre ambos que solo podrá ser transitada por alguien que porte tales naturalezas, este, aventurando una respuesta, sería en palabras de Nietzsche (1888), el *filósofo*[2].

Recurriendo a Aristóteles y su fragmento titulado *Acerca de la filosofía* encontraremos las variadas formas de sabiduría y sabio que los griegos conocieron. García Gual (1989) menciona cinco en cuestión. Para este fin tomaré la tercera y cuarta que preludian al filósofo. Me refiero a la sabiduría de los *Siete Sabios*, inventores de virtudes políticas; y la sabiduría que investiga la naturaleza, propia de *los fisiólogos*. Lo interesante es encontrar a un solo personaje que las comunica: el milesio Tales. Vínculo entre la sabiduría y la filosofía.

Como sabio él tiene los pies en la tierra, enfrenta enigmas, los resuelve y adopta la imagen de lo que vence, es *enigmático*. Como filósofo especula sobre el intrigante cosmos, da teorías y busca la verdad. Ser un héroe sapiencial, un filósofo, reconcilia el plano divino con lo humano permitiéndole transitar, ser mediador entre ambas realidades.

El Filósofo

Anteriormente he indicado que *lo filosófico es una actividad humana teórica (θεωρία), que distingue a la verdad (ἀλήθεια) por medio de una racionalidad particular*. Desglosemos los términos empezando con la θεωρία (teoría), luego con la ἀλήθεια (verdad) y terminando en la prueba histórica que refute o apruebe nuestra definición de filósofo.

Sigo la interpretación de Kérenyi (1999) al entender tal palabra, teoría, como un compuesto de Θεός (deidad) y ὁράω (ver) con lo cual la faceta sagrada reaparece una vez más tiñendo el accionar del hombre superior. Θεωρία y el verbo θεωρέω se entiende inicialmente como especulación o contemplación. La carga visual destaca en los términos. Ahora bien, qué se contempla, en qué se detiene la vista. Respondemos en la ἀλήθεια, la *verdad*.

Respecto a lo que *verdad* pueda significar tenemos dos sentidos que nos transmite Platón, en el *Parménides 128b-e* ἀλήθεια es α-ληθές, no-oculto y en otras circunstancias no-olvido[3]; mientras que en el *Crátilo 421 a-c*, ἀλή-θεια significa marcha errante, desplazamiento que viene desde lo divino. Siendo así, la *verdad* en estos sentidos vendría a ser *lo que no se oculta* y *desplaza* desde un ámbito sagrado. (Gonzales León, 2017).

---

[2] Recordemos el aforismo n° 3 del *Crepúsculo de los ídolos* (1888) "Para vivir sólo hay que ser un animal o un dios, dice Aristóteles. Falta el tercer caso: hay que ser las dos cosas, *filósofo*…"
[3] Esta acepción tiene un cariz órfico y estaba ligado netamente al ámbito iniciático de los misterios que entre ellos se celebraban, el *no-olvidar* es precisamente recordar las enseñanzas que el dios había revelado en forma secreta.

Hasta aquí, *el filósofo sería el observador de aquello que se muestra desde lo divino*. Este acto visual supremo discriminaría lo relevante de lo meramente opinable e infundado. El discernimiento se lograría siguiendo una racionalidad jerarquizante.

Veamos ahora si lo fáctico en Tales cumple con las descripciones propuestas. ¿Tales teoriza buscando la verdad? ¿Tales, buscando una certeza detiene con la mirada aquello que viene de lo divino? Las anécdotas que recojo de las fuentes antiguas nos responderán puntualmente estas cuestiones.

En primer lugar, tenemos aquellas que nos lo muestran como astrólogo. Diógenes Laercio afirma mediante el testimonio de Calímaco que el milesio descubrió la Osa Menor dándole un uso práctico. Eudemo, en palabras del mismo doxógrafo, hace de Tales el primero en ocuparse de la Astrología[4] y de predecir eclipses de sol y solsticios. (DL I.23). Efectivamente Tales teoriza pues dedicarse a la observación de los astros sólo es posible mediante *la vista* que permite conocer. De pasada se vuelve a mencionar su lado *ktístes* y su nexo con el *enigma* dada la predicción del eclipse a todas luces imposible en esa época[5] y que se explicaría simbólicamente como un vaticinio propio de un adepto a Apolo, (Colli, 2008).

En segundo lugar, veamos al Tales matemático. Proclo en su *Comentario al primer libro de los elementos de Euclides* nos dice en las líneas 64, 17-65, 11 que el milesio fue *introductor* (fundador) de la geometría en Grecia la cual trajo desde Egipto. Luego señala los aportes matemáticos que se le atribuyen como el diámetro del círculo, la demostración de la igualdad de ángulos de la base de un triángulo isósceles, Igualdad de los ángulos opuestos por el vértice, entre otros. Estos aportes matemáticos revelan nuevamente una actividad de búsqueda implícita de certezas que propone relaciones geométricas y que luego pasarían a ser teoremas. Lo visual se reitera debido a la naturaleza de este saber exacto.

En tercer y último lugar, demos cuenta del Tales investigador de la naturaleza. Hasta ahora se nos ha mostrado a un personaje teórico indagador, a un aspirante al conocimiento de lo verdadero, lo que no ha aparecido es el rostro divino. Queda pendiente la pregunta de si su visión es de las cosas divinas. Recurro a la *Metafísica* de Aristóteles (A 3, 983 b 6) para empezar con la disertación. El libro alfa bautiza al

---

[4] Y no sólo él, Heráclito (22 B 38) más cercano en el tiempo al milesio dice que Tales fue el primero en estudiar astrología.
[5] Son muchas las explicaciones que se han dado sobre el famoso Eclipse del 585 a.C. por ello recurrimos a los estudios actualizados que O'Grady (2016) ha realizado en su extensa obra donde asevera que ni los ciclos de Saros conocidos por lo babilónicos no otros tipos de conocimiento sobre los eclipses totales o parciales de sol pudieron ser utilizados por el milesio. La autora propone como posibilidad una secuencia de 23 ½ meses a partir de los eclipses lunares que explicaría racionalmente la predicción de Tales.

milesio como *primer filósofo* pues propuso una hipótesis hídrica sobre el cosmos. Sin embargo, no vemos ni actividad visual ni algo que nos indique que la investigación de la naturaleza tiene que ver con un ámbito divino. Esto se resuelve con otras citas igualmente aristotélicas. En *De Anima* (A 5, 411 a7) leemos la famosísima sentencia "todas las cosas están llenas de dioses". El cosmos, el universo, la naturaleza entera está inmersa en un ámbito divino, por lo que todo aquello que parte de ella parte de lo sagrado.

Por lo tanto, he demostrado que nuestra definición de filósofo se ajusta a las interpretaciones de los hechos realizadas por investigadores en la antigüedad. Tales es un genuino observador de aquello que parte de lo divino. Finalmente, en esta pesquisa histórica también han surgido de forma espontánea las referencias a Tales como *ktístes*, ya sea como *primer astrólogo, introductor de la geometría* en Grecia o *primer filósofo de la naturaleza*. Estas características de su accionar sumado a su culto como héroe refuerza los nexos entre ποίησις (el realizar), πράξις (lo práctico) y θεωρία (la teoría).

Conclusión

La gesta de los grandes hombres de Grecia ya sean, héroes, sabios o filósofos marcó una época en la historia de la humanidad que ha permitido tener modelos de virtud incluso en épocas tan caóticas como las actuales. Reconocer en la academia filosófica a un personaje tan multidimensional como lo fue Tales en sus facetas de *héroe fundador*, *sabio enigmático* y un *filósofo de la naturaleza* nos invita a pensar en la manera en cómo hacemos filosofía hoy. El discurso, si atendemos a esta *paideia*, no puede ser la finalidad de la tarea del *amante de la sabiduría*. Es su vida misma la que debería hablarnos y su ética la que nos permita conocerlo.

Bibliografía

Burkert, W. (2007). *Religión griega arcaica y clásica*. (H. Bernabé, Trad.) Madrid: Abada Editores.

Colli, G. (2008). *La sabiduría griega II*. Madrid: Trotta.

Golli, G. (2000). *El nacimiento de la filosofía*. Barcelona: Tusquets Editores.

Diels, H., & Kranz, W. (1960). *Die Fragmente der Vorsokratiker*. Berlin: Weidmannsche Verlagsbuchhandlug.

Engels, J. (2012). *Los siete sabios de grecia, vida, enseñanzas y leyendas*. Barcelona: Crítica.

García Gual, C. (1989). *Los siete sabios (y tres más)*. Madrid: Alianza Editorial, S.A.

Gonzales León, W. (2017). *Aristóteles de la palabra a la cosa misma*. Lima: Fondo Editorial de la Universidad Nacional Mayor de San Marcos.

Herda, A. (2011). Burying a sage: the heroon of Thales in the agora of Miletos. En O. Henry (Ed.), *2èmes Rencontres d'archéologie de l'IFEA : Le Mort dans la ville Pratiques, contextes et impacts des inhumations intra-muros en Anatolie, du début de l'Age du Bronze à l'époque romaine* (págs. 67-122). Estambul: IFEA - Ege yayınları.

Jaeger, W. (2010). *Paideia*. México: FCE.

Kirk, G. S., Raven, J. E., & Scholfield, M. (1957). *Los filósofos presocráticos. Historia crítica con selección de textos*.

Karl, K. (1999). *La religión antigua*. Barcelona: Herder.

Karl, K. (2009). *Los héroes griegos*. Girona: Atlanta.

Laercio, D. (2007). *Vidas de los filósofos más ilustres*. Madrid: Alianza Editorial.

Nietzsche, F. (1872-1876). *Los filósofos preplatónicos*. Madrid: Trotta.

Nietzsche, F. (1873). *La filosofía en la época trágica de los griegos*. Madrid: Valdemar.

Nietzsche, F. (1888). *El crepúsculo de los Idolos*. Madrid: Alianza Editorial.

O'Grady, P. F. (2016). *Thales of Miletus. The beginnigs of western sciencie and philosophy*. New York: Routledge.

Otto, W. F. (2003). *Los dioses de Grecia*. Madrid: Siruela.

Platón. (1987). *Diálogos II. Gorgias, Menéxeno, Eutidemo, Menón, Crátilo*. Madrid: Gredos.

Platón. (1988). *Diálogos V. Parmenides, Teeteto, Sofista, Político*. Madrid: Gredos.

Plutarco. (2008). *Vidas Paralelas II*. Madrid: Gredos.

2. Una Cosmovison Historica de la Mediocridad en la Tradicion Sapiencial de la Grecia Antigua

Etimología de la mediocridad

Mediocre es una palabra que nos viene del latín *mediocris*, un compuesto del adjetivo *medius (medio, intermedio)* y el sustantivo *ocris (montaña, altura)*. El *medius* está vinculado con la raíz griega *mésos* que refiere a "lo que está en medio" y lo encontramos en las palabras Mesopotamia y mesozoico. *Ocris*, es decir, *ácros* en griego antiguo refiere a lo "alto o extremo", y lo encontramos en la palabra Acrópolis como en muchas otras.

Mediocris pues, según sus raíces significa lo que está a mitad de altura o lo que está en medio de un extremo. El sentido estimativo o des-estimativo es algo ajeno a la palabra original. Sólo es una cuestión de proporciones y medidas, como diría el polígrafo peruano Marco Aurelio Denegri.

Ahora bien, teniendo en cuenta esta aproximación lingüística al término se mostrará qué tan querida es la atmósfera que rodea a esta palabra. Pero antes recordemos la advertencia del filósofo Friedrich Nietzsche quien haciendo referencia a las palabras, conceptos y verdades, nos dijo en su *Sobre verdad y mentira en el sentido extramoral* que estas, y en particular la última son metáforas que están ya gastadas a fuerza de tanto habérselas usado.

El uso común de esta metáfora llamada mediocridad es en nuestra época claramente negativo, lo mediocre es lo de mala calidad en cualquier terreno, lo poco meritorio. En cambio, en épocas lejanas lo mediocre era lo virtuoso. Este punto se desarrollará en los siguientes apartados.

Siguiendo con el análisis de la lengua vemos que en el griego moderno lo que llamo mediocre se escribe μέτριος /métrios/, palabra que hace referencia en su versión arcaica a lo mesurado, moderado. En el español actual no encontramos un solo trazo positivo de la palabra mediocre. Entre sus acepciones, la primera refiere a la calidad media (sentido original), y la otra, a lo poco meritorio, tirando a malo; consultándole al polígrafo Marco Aurelio Denegri una vez más nos comenta:

*El sentido prístino de mediocre (latín **mediocris**) es 'de calidad media', 'a media altura de una montaña', de **medius** 'medio' y **ocris** 'montaña pedregosa'. El sentido denigrativo de mediocre no es original.*[6]

El término tal cual no hace referencia a lo negativo, es más, lo denigrativo no lo acompañó en sus inicios, a mi parecer la inclusión de la segunda acepción en el lexicón oficial que prevalece en nuestro idioma nos ha hecho repudiable la calidad media hasta el punto de que hemos tenido que rebajarla a lo poco valioso.

Si nos percatamos, las acepciones de la lengua no nacen en las grandes academias que las registran, sino en la comunidad que las utiliza. Considerándolo puedo afirmar que colectivamente se piensa en la mediocridad como algo negativo, la lengua solo refleja nuestra disposición hacia tal actitud.

Como mencioné, en épocas anteriores "la calidad media" era algo positivo, y ahora aclaro, específicamente en la cosmovisión griega. Veremos en el transcurso de lo que resta la actitud helena hacia "lo mediocre", la gran estima que se le dio y lo difícil que fue inculcar su consejo. Partamos por sus primeros educadores Homero y Hesíodo.

La educación en virtud por los poetas

Iniciemos con Homero, él es el padre de la cultura clásica griega en todas sus formas, educador de la Hélade por excelencia. Desde su aparición toda la tradición que continuó no ha podido dejarlo de lado, él y lo que representa son un referente constante para los helenos.

Los personajes que describe Homero son nobles que llevan una vida de ocio y elegancia, refinamientos en sus ceremonias, juegos, pero sobre todo, y este es su característica principal, se educan en cortesía, la cual no la pierden incluso en la guerra.

El caballero perfecto que retrata es orador y guerrero, alguien que ha seguido los consejos de un *gerontes* encargado de su formación. Alguien quien lleva dentro de sí, en armonía, saberes tanto prácticos como teóricos.

En las obras de Homero los consejos de Fenix y Atenea recomiendan *métrios* (prudencia) a sus discípulos, es decir, un comportamiento mesurado. Por ello se le reprocha a Aquiles y por ello Telémaco aprende a manejar su ira incluso frente a los pretendientes de su madre Penélope.

---

[6] La declaración anterior proviene de una carta dirigida a mí por el sr. Denegri el día 23 de junio del 2016.

Hesíodo, el siguiente educador, es la segunda fuente de la cultura griega, él muestra la heroica lucha de los trabajadores de la tierra. Con Hesíodo se enlazan los valores heredados del campo que el pueblo recuerda. El poeta los reactualiza en otro sentido.

Si bien los ideales antiguos eran aristocráticos él los traduce y aumenta unos más para un estrato más amplio, el del campo. Debemos tener en cuenta que al referirnos al campo no nos referimos a algo inculto, todo lo contrario, es un lugar fecundo no solo en germinación de frutos de la tierra sino también en lo moral, pensamientos y creencias.

El poeta no divaga en decirlo, el habla por vez primera desde sí, en primera persona. Expone la idea de derecho con esta afirmación de su Yo debido quizá a los altercados con su hermano Perses a quien dedica los *Cantos de amonestación.*

Si bien es a Perses a quien se dirige en primera intención, sus recomendaciones son para todos; las desventuras de los hombres nos dicen, vienen del progreso de la *hybris,* la irreflexión, la falta de miedo a los dioses, la guerra y la violencia.

Hesíodo está convencido del poder educativo de la *areté,* todos los hombres están capacitados para ser guiados por ella, siendo este el fundamento de toda ética que más tarde Aristóteles aceptaría en su plenitud.

Siguiendo con el poeta, es importante señalar sus recomendaciones. En pocas líneas aconseja mesura, justa medida, *métrios*. Y tomando el punto de vista del trabajo nos previene del abuso de este para generar riqueza, recomendando así un patrimonio *medio*.

Se nota pues que la formación independiente de la clase popular dio cabida a un propio *ethos*, a un propio modo de ser y de vivir. Ellos no rechazaron a Homero, quien les llegó por medio de Hesíodo. En cambio, valoraron los consejos del bardo al margen de la clase aristocrática a la cual le cantaba.

En síntesis, tanto Homero como Hesíodo fueron los pilares de la cultura helena. Ambos poetas guiaron y recuperaron la sabiduría que condujo a una vida heroica o laboriosa. Al respecto nos dice Werner Jaeger en su *Paideia* "así como la cultura aristocrática adquiere en Homero una influencia de tipo general humano, con Hesíodo la civilización campesina sale de los estrechos límites de su esfera social"[7]. La participación de ambos configuró lo que sería la tradición sapiencial en la Grecia clásica, quien tomaría estos dos conocimientos genuinos en la formación de sus *polis*.

---

[7] Cf. Werner Jaeger, Paideia (1996), p.81

Es aquí precisa una aclaración antes de culminar este apartado. Los poetas según la visión clásica eran inspirados por la divinidad, no en vano empieza Homero su Ilíada con *"Canta oh diosa la cólera del pélida Aquileo..."* el bardo es por así decirlo un instrumento de transmisión de lo que la divinidad quiere decir, él no ejerce su voluntad principalmente, es más en Homero tal cosa como la voluntad no existe, los personajes y los dioses en ambas epopeyas se mueven bajo la Moira, el misterio.

Hesíodo, por su parte, consciente de su distancia con Homero, sabe que él está enseñando la Verdad de las musas *que saben decir mentiras cuando semejan verdades,* pero que también si quiere pueden *revelar la verdad.* Hesíodo da paso a la voz de la divinidad y el habla por su propia voz también, he aquí una clara diferencia entre ambos.

El poeta del campo se atribuye la verdad y se arriesga en el uso de este término que como veremos en lo práctico pierde valor, pero lo hace ya que quiere conducir al hombre errado por el camino mesurado, en sus palabras "la mesura es lo mejor de todo".

Las sentencias de los Siete sabios: mesura

Siguiendo con el desarrollo histórico pasaremos a la etapa de las polis ya conformadas, allí el problema de convivencia hizo necesario personas que sepan manejar los asuntos públicos. A estos se les llamó Sabios, ellos y sus consejos fueron muy apreciados por aquel siglo VI a. C. que marcaría la historia del mundo.

Las sentencias de los Siete Sabios, nombre con el cual se les conoce insisten en la moderación, la cautela, el buen comportamiento. Para Tales, uno de los siete el mundo ha de ser medido, solo así es *cósmos*. La medida que le inquieta no está únicamente en el mundo físico sino también en el de las acciones humanas. Importa limitar, lo mesurado, no excederse. Escuchemos algunas de estas sentencias.

La medida es lo mejor nos dice Cleóbulo de Lindos.

Nada en demasía agrega Solón de Atenas.

Conócete a ti mismo resalta Quilón de Esparta.

No ansíes lo imposible por el mismo autor.

Y *usa la medida* recalca Tales de Mileto.

Como está mencionado hay una gran importancia por reglamentar el comportamiento humano, se recomienda la *mestós* (medida) y se advierte sobre los excesos.

Si nos adentramos en la historia helena veremos que las ciudades-estado estaban en plena crisis, el mucho afán por el lujo había degenerado las buenas costumbres aprendidas por los educadores, se anhelaban riquezas materiales. La *hybris* compañera de los héroes trágicos fue una trampa para los helenos y cayeron en la desmesura, de allí fueron rescatados por estos sabios quienes con su saber práctico guiaron a los hombres hacia un mejor estilo de vida, donde primó la prudencia y la sobriedad.

Si bien hay mucho que decir sobre estos personajes dejemos que la sabiduría siga su curso hasta llegar a la morada de los filósofos, en especial el siguiente.

Aristóteles

Las ideas éticas del estagirita buscan responder al *érgon* o función del hombre, con ello el filósofo hace descender a la ética de las nubes socrático-platónicas para ubicarla en la vida cotidiana[8], dándole así una finalidad no filosófica sino práctica, útil. La verdad a decir del estagirita no tiene vigencia en el terreno de lo real, ya que aquí, en lo fáctico, rige lo contingente. Vemos que separa claramente a la ética de la filosofía, pero a pesar de ello la estudia ya que lo consideraba su deber.

Los hombres buscan la *eudaimonía* (felicidad) nos dice el filósofo. La cual es *energeia* (actividad) de un hombre en tanto hombre que desarrollamos en virtud de nuestra *areté*. Para alcanzar la *eudaimonía* que es meta de la vida humana el filósofo nos pone como condición la *areté*.

Ahora bien, el estagirita nos dirá cuál es esta *areté*, para ello debemos tener en cuenta que la toma como una regla provisoria ya que como dijimos anteriormente en los asuntos prácticos no se busca la exactitud sino lo útil.

> *"Es, por tanto, la virtud un modo de ser selectivo, siendo un término medio relativo a nosotros, determinado por la razón y por aquello por lo que decidiría el hombre prudente."*[9]

La *areté* está relacionada con la *prohaíresis* (elección hecha por seres racionales) del *mesóstes* (término medio), no de los extremos sino de lo equidistante a ellos, de lo medio, la medianía, lo mediocre. En pocas palabras, la *areté* (virtud) es *prohaíresis* (elección) de lo *métrios* (mediocre).

---

[8] Sócrates habría dado importancia a los conceptos éticos más que al cómo serlo, y Platón como seguidor suyo creyó y fundamentó la realidad de las definiciones, no obstante, al no encontrar en el mundo de la acción nada semejante a la exacta definición fue llevado a creer en sustancias inmutables, extra-mundanas.
[9] Ética a Nicómaco. II 6, 1106 b 35.

Su término medio no es un cálculo aritmético rígido, es, como está escrito, "relativo a nosotros", difiere de una persona a otra, pero eso sí, no es un relativo vagabundo y sin dirección, esta medianía está guiada por un principio racional que nos lo da el hombre de sabiduría práctica.

En efecto, hay hombres dotados de sabiduría práctica que son legisladores por naturaleza cuyos preceptos harán bien en seguir los más ineptos.

La mediocridad está legislada por la racionalidad. Estos sabios nos recomiendan elegirla en relación con nosotros, no es por tanto una medianía caprichosa. Otro aspecto que acompaña a esta *areté* es la constancia, sólo siendo constantes podremos formar costumbres y una disciplina que nos ayude a seguir el consejo sabio.

En resumen, Aristóteles defiende que la virtud es elegir la *métrios* ya que con ella obtendremos la felicidad. Así ha sido determinada por el hombre de sabiduría práctica. Lograremos ser virtuosos (mediocres) si nos disciplinamos hasta adquirir la costumbre de serlo, ello nos proporcionará alegría de espíritu, un buen *daimon* o la *eudaimonía*.

Ahora, ¿quién es este hombre de sabiduría práctica en la propuesta de Aristóteles? La respuesta la tenemos en otro de sus textos: *De la filosofía*.

Otra vez aplicaron su atención a los asuntos cívicos o inventaron las leyes y todo lo que consolida al orden ciudadano. También a esta actividad intelectual la denominaron a su vez sabiduría (sophía). A este tipo de sabios pertenecen los Siete sabios que inventaron algunas virtudes políticas.

Este hombre sabio es un nombre genérico que usa el estagirita para referirse a los Siete, hombres de sabiduría política es decir práctica.

Conclusiones

Con lo expuesto podemos afirmar que el cuidado por ponerle límites al hombre se remonta a tiempos lejanos, el *ethos* del hombre ha necesitado siempre un *metrón*.

Podríamos preguntarnos por qué consideraron poner un freno al hombre los sabios de la antigüedad, y la respuesta a nuestro parecer es que ellos conocieron lo pavoroso que puede llegar a ser el hombre por naturaleza.

Este término lo encontramos en la Antígona de Sófocles, quien nos llama *el ser más pavoroso de todas las cosas pavorosas que existen en la tierra*[10], y también en Tucídides quien considera que la naturaleza del hombre es la guerra. Teniendo

---

[10] En griego antiguo, πολλὰ τὰ δεινὰ κοὐδὲν ἀνθρώπου δεινότερον πέλει. Antígona 332

presente esta *antropología* queda claro pues que no se lo deje al pavoroso sin correas que lo sujeten, su peligroso *ethos* no puede no estar regulado si es que se quiere como mínimo una convivencia pacífica.

Si seguimos esta tradición veremos el porqué es necesario dar a la mediocridad el lugar que se le ha quitado. Esta virtud olvidada cobra importancia en épocas de caos donde la *hybris* es rutina, donde a toda costa se quiere llegar a lo más alto, a la cima de la montaña e incluso más, donde el cielo es el límite.

En una cultura de perfectos no hay ya *métron* para el hombre, todo puede ser superado, todo es posible. A estos perceptos y a todos nosotros nos haría bien al menos escuchar que lo virtuoso era característica de lo mediocre, esta elección permanente que es guiada por una razón sabia nos llevará, a decir de los griegos, a una vida de buen *daimon,* de buen talante.

Bibliografía

Aristóteles. (1985). Ética Nicomáquea . Ética Eudemia: Gredos.

García Gual, C. (1989). *Los siete sabios (y tres más).* Madrid: Alianza Editorial, S.A.

Homero (1991). Ilíada. Madrid: Gredos

Hesiodo (1990). *Obras y Fragmentos.* Madrid: Gredos

Jaeger, W. (1996). *Paideia: Los ideales de la cultura griega.* México: FCE.

Nietzsche [1873] (1970). *Sobre verdad y mentira en sentido extramoral.* Buenos Aires: Prestigio

3. Russo Delgado: Krishnamurti, el conocimiento de uno mismo

Resumen

En los siguientes apartados presento de manera amplia la trayectoria del gran filósofo sanmarquino Russo Delgado quien demostró con su producción académica y su vida que la filosofía no tiene fronteras en cuanto a conocimiento se refiere, sus obras referidas a los clásicos, a los modernos y los orientales nos dan prueba de ello. Ahora, de manera específica y tomando su última publicación la cual trata de Krishnamurti revisaré las reflexiones del filósofo peruano, analizando críticamente sus postulados y principales aportes en cuanto al *conocimiento de sí* el cual es clave para una comprensión profunda de un existir no meramente teórico.

Introducción

El maestro sanmarquino, filósofo y profesor en mérito, reconocido en vida y ganador de múltiples premios a su obra filosófica no solo fue un conocedor a carta cabal de los presocráticos, del cual tiene tres tomos publicados y varios trabajos que aún no salen a imprenta, sino también de los clásicos modernos como Nietzsche, Bergson, Heidegger, entre otros referentes de la cultura occidental. Pero no es solo esa parte del mundo la que le fascinó, sino que también se ocupó, aunque en menor grado de lo oriental. Es allí exactamente dónde queremos abordar al filósofo peruano, principalmente en su última obra publicada póstumamente el cual lleva el título de *Krishnamurti. Los grandes temas*.

Ahora bien, tomaré el libro en mención para adentrarnos en las enseñanzas de Krishnamurti, se verá al inicio un breve resumen de Russo Delgado y de forma general del contenido de la obra, los pasajes importantes y las reflexiones del pensador peruano; en la segunda parte abordaré el tema en sí: el conocimiento de uno mismo. Para tal fin me detendré en un capítulo en especial del libro a tratar. Por último, tomaré otras lecturas con el fin de contrastar si las enseñanzas acerca del conocimiento propio fueron cumplidas por el mismo Krishnamurti, lo cual daría coherencia a su mensaje.

Así pues, en esta excursión Russo Delgado es casi una excusa para hablar de Krishnamurti quien finalmente nos señala a nosotros mismos, ya que como solía decir él: conocerse a uno mismo es principio de toda sabiduría. Y digamos también de toda filosofía.

Russo Delgado y la obra inconclusa: *Krishnamurti. Los grandes temas*

El filósofo en mención realizó estudios superiores primero en la Pontificia Universidad Católica del Perú y posteriormente en la Universidad Nacional Mayor de San Marcos, donde obtuvo su grado de Doctor en filosofía con una tesis sobre Nietzsche y el problema del conocimiento, a lo largo de su vida recorrió otros lugares como la Universidad Autónoma de México donde conoce a José Gaos, la Universidad Motolinia de México donde fue docente, la universidad Guatemala de San Carlos en la cual también dio cátedra. Residió en Nueva York por un tiempo, allí se desempeñó como funcionario de la Organización de Naciones Unidas además de tener contacto con pensadores orientales, entre ellos Krishnamurti.

Sin embargo, es en San Marcos donde desarrolla su mayor actividad académica y productiva, enseñó en las cátedras de Metafísica, Ontología, Griego Antiguo, Filosofía Antigua, Moderna, Contemporánea y Psicología, del cual es fruto sus *Lecciones de Psicología General*. Su último libro *Krishnamurti* quedó inconcluso debido a su fallecimiento por lo que no podremos saber el resultado final que hubiese querido Russo, pero más allá de la formalidad y de lo bien escrito que se encuentre el tema en sí es lo que nos importa. El acercamiento a la sabiduría oriental que se intensificó en sus últimos años de vida nos da indicios de que la reflexión fue más que un medio de ganarse la vida, fue compromiso y constancia del vivir. Si bien su Krishnamurti quedó inconcluso no podemos decir lo mismo de su obra académica.

Mostraré a continuación un acercamiento a este trabajo que consta de diecisiete capítulos que van en orden cronológico, desde el nacimiento del sabio hindú en 1895 hasta su relación con Aldous Huxley. Los capítulos principales o ejes lo encontramos en el Capítulo II. *A los pies del maestro*. Primer texto publicado de Krishnamurti, del cual se siguen los capítulos III, IV, y V. Luego tenemos al Capítulo VII. *Krishnamurti y Sri Ramana Maharshi,* del cual se siguen los capítulos VIII al XVI, y por último está el Capítulo XVII. *Krishnamurti y Aldous Huxley*. Donde enfatiza la relación entre ambos y da prioridad al autor de *Brave New World*.

El conocimiento de uno mismo en el *Krishnamurti* de Russo Delgado

Aquí tomaremos especial atención al Capítulo VII. Krishnamurti y Sri Ramana Maharshi el cual lleva el subtítulo de *Conocimiento de sí mismo*. Como se anticipa en el título Russo Delgado compara en gran medida la propuesta de Krishnamurti y Sri

Ramana Maharshi respecto al conocimiento propio tematizado en cinco tópicos. 1) Maestros y discípulos. 2) Libertad. 3) Vichara. 4) Misterio sin misterios y 5) Búsqueda.

1) En Maestros y discípulos inicia con una clara diferenciación entre S. R. M. y K. En el primero se adscribe al *astika*, es decir al teísmo hindú, mientras que K. al *nastika*, no teísta, heterodoxo. Sin embargo, a pesar de estas diferencias tanto S.R.M como K. tienen un itinerario espiritual parecido. S.R.M inicia de adolescente abandonado su hogar para emprender su propio camino, así tras muchos años y experimentando éxtasis místicos se incorpora recién al hinduismo tradicional. Por su parte K. también inicia desde muy joven, inculcado en la sabiduría espiritual por parte de los teósofos de los cuales se apartaría llega a una religiosidad libre, *ultrarradical,* ya que considera a la tradición en el plano espiritual como algo negativo.

Ambos expositores provenientes de la india siguen la línea de no tener maestros ni hacerse de discípulos, "ser bueno es no seguir". Diría K. Ahora bien, si ellos niegan a los maestros y a los discípulos, ¿cómo se consideraban ellos mismos? K. dice ser él un "incidente" por lo que quienes se acercaran a él no lo seguirían logrando ser buenos y serios; la misma actitud la encontramos en S.R.M. Pero como dije líneas arriba K. es más radical en su postura, nos dice que no es necesario tener a nadie (sea entidad o ente distinto de nosotros) si lo que se desea es el conocimiento de uno mismo. Y además, anticipándose a la cuestión de ser muy individualistas al respecto nos advierte que si lo que buscamos es ayudar a los demás como medio para ignorar nuestro propio ser, lo que haremos será escaparnos al enfrentamiento de uno mismo. A fin de cuentas uno mismo es el mundo. Por lo que si uno mismo se logra todos lo harán. K. culmina este tema diciendo que él es solo un indicador del camino, alguien que da una dirección a quien pregunta, nada más.

2) K. nos dice que para el conocimiento de uno mismo la libertad es el punto de partida. Entiéndase libertad como una no necesidad de aceptar nada, ni dogmas, ni autoridades, esto ya que pueden resultar ser un gran obstáculo para el conocimiento de sí. S.R.M. por otro lado concede algo de reconocimiento a los sistemas religiosos y filosóficos "estos nos llevan hasta cierto punto de la concepción mental y emocional de Dios" nos dice, pero "Lo más importante, el logro verdadero viene después."

3) Vichara. El conocimiento de uno mismo en S.R.M. se trata de un camino directo que siempre es posible aquí y ahora, no exige tener determinadas creencias ni lectura de libros, los cuales pueden ser hasta inconvenientes. S.R.M. tiene como objetivo asirse al YO SOY, y a tal proceso al cual se llega con esfuerzo es lo que se conoce como Vichara. En S.R.M. hay pues una suerte de atención-búsqueda. Distinto es el camino de K. quien propone una pura atención. En palabras de Russo Delgado "en S.R.M. se trata de la radical unidad del monismo advaita entre el camino y la meta que se descubre al final", por el contrario en K. "se instala en ella desde el principio." Podemos decir que S.R.M. parte y llega a una meta la cual es el mismo punto de partida, K. se instala en este punto inicial-final desde el inicio.

4) Misterio sin misterios. Las investigaciones de S.R.M. como de K. son investigaciones simples, se apartan del esoterismo ya que a fin de cuentas ellos tratan de ir por el misterio único y verdadero: la propia existencia humana y de la Realidad. Lo que marca la diferencia entre ambos es la manera en como la abordan. En S.R.M. este misterio se enfoca con una mera pregunta mientras que en K. es un darse cuenta.

5) Búsqueda. S.R. M. realiza una búsqueda al conocimiento propio a diferencia de K. para quien la búsqueda tiene una connotación de futuro, lo que nos insertaría en la "insoportable danza del tiempo[11]". Es más, para K. cualquier intento de búsqueda es una situación engañosa. En S.R.M. hay un camino ininterrumpido en K., un paseo dentro de uno mismo.

La praxis filosófica de Krishnamurti

Ahora lo que nos queda es poner a prueba si el mismo K. cumplió con sus propias exigencias en cuanto al conocimiento de uno mismo. Como hemos visto él no desea maestros ni autoridades y tampoco desea ser considerado uno. Esto se comprobará revisando su biografía, para tal fin tomaré a Pupul Jayakar amiga cercana de K. y a Russo Delgado quien en su capítulo VI narra la escisión del joven K. de la sociedad Teosófica. Acontecimiento de enorme importancia. Antes es necesario tener cierto acercamiento a esta sociedad. En resumen, diré que esta es una organización iniciada en el s. XIX y fundada por H.P. Blavatsky y el coronel Henry Steel Olcott quienes buscaban una reconciliación entre los saberes de oriente y occidente tomando como punto de encuentro a la Verdad. No hay religión más alta que la verdad, nos dicen sus fundadores quienes además propiciaron una fraternidad universal basada en valores que recogían de la sabiduría perenne. Esta organización gracias a la ardua labor intelectual y organizativa de sus miembros cobró impulso, logró hacerse de muchos seguidores y de grandes propiedades.

El padre de K. participó de ellos. Sin embargo, es debido al descubrimiento casual por parte de C. W. Leadbaster que en 1909 que K. entró de lleno a esta sociedad. C.W.L. mencionó que K. tenía una de las auras más puras que jamás había observado, con esta recomendación hecha la entonces secretaria general A. Besant y

---

[11] Entiéndase tiempo como entidad psicológica no cronológica

los demás dirigentes de esta organización adoptaron en su seno al niño K. lo educaron, lo promocionaron y con el tiempo hasta le crearon un sequito de seguidores llamados la Orden de la estrella.

K. era su líder, le correspondía varias propiedades en diversas partes del mundo, fama mundial y demás requerimientos que necesitase. Sin embargo, fiel a sí mismo en 1929 en la que sería la última reunión de esta orden disolvió tal culto hacia el mismo. Escuchemos su discurso que nos trae su biógrafa Pupul Jayakar.

"Yo sostengo que la Verdad es una tierra sin caminos, y no es posible acercarse a ella por ningún sendero, por ninguna religión, por ninguna secta. Ese es mi punto de vista y me adhiero a él absoluta e incondicionalmente. La Verdad, al ser ilimitada, incondicionada, inabordable por ningún camino, no puede ser organizada; ni puede formarse organización alguna para conducir o forzar a la gente por algún sendero particular."

"…sostengo que ninguna organización puede conducir al hombre a la espiritualidad. Si se crea una organización para este propósito, ella se convierte en una muleta, en una debilidad, en una servidumbre que por fuerza mutila al individuo y le impide crecer, establecer su unicidad que descansa en el descubrimiento que haga por sí mismo de esta Verdad absoluta e incondicionada. Por lo tanto, ésa es otra de las razones por las que he decidido, ya que soy el Jefe de la Orden, disolverla. Nadie me ha persuadido para que tome esta decisión". "Esta no es ninguna magnífica proeza, porque yo no deseo seguidores, y esto es lo que quiero significar. En el momento en que siguen a alguien, dejan de seguir la Verdad."

"Así como un artista pinta un cuadro porque se deleita en esa pintura, porque ella es la expresión de él mismo, su bienestar, su gloria, así hago yo esto, y no porque quiera nada de nadie. Ustedes están acostumbrados a la autoridad, o a la atmósfera de autoridad que piensan va a conducirlos a la espiritualidad. Creen y esperan que otro, por sus extraordinarios poderes [y con] un milagro podrá transportarlos a ese reino de libertad eterna que es la Felicidad. Toda la perspectiva que tienen de la vida se basa en esa autoridad"

Así pues, con mucha determinación K. renunció a todo lo que tenía que ver con la Teosofía, a sus propiedades, a sus futuros estudios en el extranjero, a la fama que ya tenía. Eso no significo romper con sus más allegados amigos sino alejarse a un propio camino que él mismo eligió. Con esta leve incursión en la vida de K. vemos la consecuencia en su decir y actuar, la cual se mantuvo en cada conferencia, charla, discusión, paseo, conversación, momentos felices y momentos arduos que concluyó en la fecha de su muerte en 1986.

Conclusión

Jiddu Krishnamurti sostenía que el camino para el conocimiento empieza por uno mismo, que si hay algo que desea cambiar en el mundo ese algo es el propio yo, ya que uno mismo es el mundo, ya que uno mismo hace a la humanidad. Y para ello no hay maestro, ni mentor, ni guía que valga. Quizá sus postulados actualmente nos parezcan muy extremos o individualistas, y quizá sea aquí donde uno podría encontrar espacio para la crítica, sin embargo, K. se cuidó de ser siempre muy claro en su decir, de entender bien la pregunta antes de dar una respuesta y en ser sincero al darla. Con esto en mente veamos que podemos decir acerca de K.

Respecto a los maestros nos ha dejado claro la invalidación que hace de ellos, debido tal vez a su propia experiencia con los teósofos; sin embargo, esta invalidez radica en el énfasis que da K. al propio individuo. Nadie puede hacer el trabajo de la realización propia sino uno mismo, no se requiere y no se podría requerir de nadie para ello. Por lo cual su cimiento es el sí mismo, allí descansa la totalidad de su mensaje. Ahora bien, ¿están todas las personas capacitadas para tal labor? Según K. sí, cada uno puede llegar a estarlo siempre y cuando se esté extremadamente alerta y tranquilo a la vez. Plena atención sin distracción, una "alerta pasividad de la mente" es el requisito para tan infinito camino del conocimiento propio. A tal requerimiento puedo decir ahora que en este mundo que nos lleva al menor esfuerzo como meta, a la inacción, a la pasividad y al embrutecimiento, el mensaje que reposa en el individuo se hace cada vez más difícil de sostener y por ello incluso más necesario.

Krishnamurti dejó claro su decir, lo consolidó con su actuar, mostrándose así integro en todo aspecto (algo verdaderamente difícil en tiempos actuales) y por lo cual creo que su labor no fue en vano. Russo Delgado lo reconoció, tomándolo tal vez como un nuevo Sócrates que nos trajo la difícil sentencia del "Conócete a ti mismo" como materia prima para todo lo que hagamos y pensemos.

Bibliografía

Jayakar, P. (1989). Krishnamurti. Biografía. Buenos Aires: Editorial Kier.
Krishnamurti. (1975). El conocimiento de uno mismo 14 conferencias de Krishnamurti. México: Editorial Orión.
Krishnamurti, J. (1998). La pregunta imposible. Buenos Aires: Editorial Kier.
Miró Quesada Rada, F. (9 de Marzo de 2017). 100 años de un peruano presocrático. El Comercio.
Rengifo Vela, S. (2006). Vida y obra de José Antonio Russo Delgado. Letras, 151-167.
Russo Delgado, J. A. (2002). Krishnamurti. Los grandes temas. Lima: San Marcos.
UNED. (06 de 12 de 2003). Obtenido de Canal UNED: https://canal.uned.es/mmobj/index/id/7767.html

4. Sabiduria Oracular en los Andes

Introducción

Estudiar el fenómeno oracular en la antigüedad desde nuestra filosofía embebida de razón y desprovista de lo sagrado requiere por lo menos de una perspectiva amplia, rigurosa y multidisciplinaria. Por ello, evitando caer en facilismos argumentales y burdas especulaciones tomaré estudios hechos por autores en materia oracular de la Grecia antigua, donde hay toda una tradición que se ha dedicado al estudio e interpretación de tal aspecto medular en su cultura, y que nos ha dado una base sólida desde donde podemos comprender este saber mántico para acercarnos a los oráculos andinos.

Tomando críticamente las apreciaciones mencionadas llegaremos a las tierras del Inca que privilegió en gran medida esta práctica sagrada, la cual complementaba, por así decirlo, su labor señorial. Solo basta leer las narraciones hechas por cronistas y observar los santuarios aún visibles en lo que ahora es el Perú para notar la gran importancia de los oráculos y su evidente influencia en el Tahuantinsuyo. Trato entonces de evidenciar lo relevante de esta sabiduría oracular en las múltiples profecías sobre el fin que se dieron y en las consecuencias socio-culturales de tal predicción.

En el primer capítulo definiré lo oracular, lo relacionaré con la sabiduría, y veré en qué términos se puede comprender su verdad. En el segundo capítulo presentaré a los oráculos en el Tahuantinsuyo, resaltaré en qué medida fueron importantes, qué función cumplían y si es posible usar las categorías venidas de la tradición oracular griega para aproximarnos a un saber oracular en el incanato. El tercer capítulo analizará el papel social y político de los oráculos tomando el caso de Huayna Cápac y seremos partícipes del final de esta tradición; concluiré con algunas reflexiones que se desprenden de lo dicho en estos apartados.

Considero que el estudio de la sabiduría ancestral implica reconocer las otras formas de *pensar* y hasta de *sentir* que nos vendrían muy bien tomarlas en nuestras reflexiones contemporáneas. Aquí, ateniéndome a los argumentos mostraré en los oráculos un acercamiento a esa sabiduría vital tan necesaria hoy en día.

Oraculos en la Antigüedad

¿Qué es un oráculo?

Etimológicamente oráculo viene del verbo latino *oro, orare,* "pronunciar formula ritual, oración" y presenta tres acepciones según nos dicen Curatola & Ziólkowski: 1) RESPUESTA que brinda una divinidad debidamente consultada, 2) DIVINIDAD en sí que contesta las preguntas de los fieles, 3) SANTUARIO donde la divinidad mora y se manifiesta.[12] Ahora, desplazándonos de lo lingüístico a lo cultural tomaré la siguiente definición: oráculo es la forma histórica y socialmente más elevada de adivinación y también la práctica en santuarios donde la divinidad contestaba preguntas de los fieles a través de sacerdotes dedicados a su culto.[13] Entendiéndolos así veremos su nexo con la adivinación.

Adivinación es "una práctica particularmente desarrollada y difundida sobre todo en las sociedades con sistemas religiosos de carácter organizado, agregante y centrado en el culto de los antepasados."[14] Lo cual cumple con las características de lo que fue el fenómeno religioso en estas tierras andinas según se verá más adelante. Por otro lado, si hablamos de la adivinación debemos diferencias entre dos tipos, una deductiva y otra inspirada. "La primera recurre a la observación de ciertos patrones que se dan en la naturaleza para luego dar una sentencia sobre el futuro. La segunda en los lugares donde aparece institucionalizada se crea el culto llamado en términos latinos *oráculos*".[15] Por mi parte me dedicaré a analizarlos desde en el segundo sentido, por ello tomo en seguida los aportes que hizo el filósofo italiano *Giorgio Colli* en el campo oracular-filosófico.

Oráculos y sabiduría

Colli nos dice que la relación entre sabiduría y filosofía no fue continua ni homogénea. "Lo que hizo surgir a la filosofía fue una forma expresiva, fue una intervención literaria, de un filtro a través del cual quedó condicionado el conocimiento a todo lo anterior".[16] Con esto recalco que no busco una filosofía inexistente en los oráculos sino una *sabiduría* la cual en términos de esta propuesta es *sabiduría divina* en *palabras humanas.*

---

[12] Cf. Curatola, M., & Ziólkowski, M. *Adivinación y oráculos en el mundo andino antiguo.* Lima, 2008, Fondo Editorial de la PUCP. p. 9
[13] Cf. Ob. cit. p.9
[14] Vid. *Adivinación y oráculos en el mundo andino antiguo.* Lima, 2008. Fondo Editorial de la PUCP. p. 17
[15] Vid. *Historia de la Religiones.* Barcelona, 2000. Crítica. p. 27
[16] Cf. Colli, Giorgio. *El nacimiento de la filosofía.* Barcelona, 2000, Tusquets Editores, S.A. p.12

Entendamos a la sabiduría como el conocimiento del futuro, ya que así era vista en las civilizaciones antiguas. Al tocar esta sapiencia necesariamente tengo que mencionar a la manía, la locura. Tal es la tesis de este autor, para quien el origen del saber está en el *éxtasis mistérico*, "el misticismo y el racionalismo no fueron algo antitético en Grecia: son dos fases sucesivas de un fenómeno fundamental"[17]. Tales fases se dan precisamente en los oráculos. Estos recogen el saber proveniente de la divinidad que los inspira y representan para los hombres un gran bien, en palabras de Platón escritas en el *Fedro*

> *"Pero resulta que a través de esa demencia, que por cierto es un don que los dioses otorgan, nos llegan los grandes bienes. Porque la profetisa de Delfos, efectivamente, y las sacerdotisas de Dodona, es en pleno delirio cuando han sido causa de muchas y hermosas cosas que han ocurrido en la Hélade, tanto privadas como públicas, y pocas o ninguna, cuando estaban en su sano juicio."*[18]

Es clara la estima que se le tiene a los oráculos en este contexto griego, pero quizás para nosotros nos cause extrañeza que el filósofo ateniense exalte a la locura en vez de a la ecuanimidad. Para entender esto debemos comprender que antes de *la sabiduría* fue *la locura*, que esta es su fuente, que "una investigación de los orígenes de la sabiduría en la Grecia arcaica nos conduce en dirección al oráculo délfico"[19] y que por lo tanto la manía se nos presenta incluso más primordial que la sapiencia. Así obtenemos que la adivinación inspirada descansa en la locura entendida como un elemento útil en la sociedad.

He allí la relevancia del oráculo en decirnos que su decir proviene de la manía la cual -por medio de su dios Apolo que hablaba en Delfos- es también gestora del saber.

Comprendiendo ya que la mántica (arte de adivinación) deriva de la manía (locura) cabe hacer notar las diferencias entre los practicantes. El que profetiza y el que adivina. Aquí me apoyo en el *Timeo* de Platón. Según el filósofo, a quien se encuentra exaltado y poseído por el dios NO le corresponde juzgar las palabras por él dichas; es el cuerdo, el profeta, quien da la interpretación; los profetas son los interpretes de lo que se ha adivinado, no los posesos.[20] Ellos al estar fuera de sí no son conscientes de sus palabras inspiradas.

---

[17] Vid. Ob. cit p. 68
[18] Platón, Fedro 244b
[19] Cf. Colli, Giorgio. *El nacimiento de la filosofía*. Barcelona, 2000, Tusquets Editores, S.A. p.17
[20] Platón, Timeo 72a

La palabra que se ha escuchado, la que se ha transmitido a los profetas toma forma de enigma[21], un *logos encriptado*, que contiene aspectos perversos y trágicos. En sus inicios este enigma pertenecía en su totalidad a la esfera religiosa, aquí tenemos al dios inspirando respuesta en forma de oráculo que el profeta interpreta; luego se transfiere en parte a lo humano; por último, siguiendo la tradición griega, es solamente humano, no interviene el dios pero sí un elemento nuevo: el agonismo.

En palabras de Colli, la lucha por el conocimiento pasa de los adivinos a los sabios[22]. La palabra de los hombres reemplaza la palabra del dios. La sabiduría divina pasa a ser sabiduría humana.

La *verdad* del saber oracular

Es importante aclarar que este conocimiento del futuro al que accede el poseso no implica necesidad, entendiendo necesidad como concatenación obligada a los hechos. En términos de la mentalidad estudiada el futuro es previsible porque es el reflejo de una realidad divina que desde siempre lleva en sí el germen de tal elemento futuro, el que alguien pueda hablar palabras del dios para decirlas a la comunidad y que se considere de gran provecho refleja la profunda relación entre tal pueblo con su divinidad, es decir, su gran religiosidad, esto es lo que es lo verdadero de tal saber, la conexión directa con el dios.

Ahora, solo falta decir cómo es que se transfiere este conocimiento, para ello tomemos a *la palabra*. Aquella es el conducto de transmisión entre la divinidad y el hombre. Sin embargo, esta palabra es *oscura*, es *caprichosa*, es *naturaleza que ama ocultarse*. Algo muy característico de esta Grecia.

Retomaremos a estos oráculos en los siguientes capítulos pero antes veamos la siguiente cita de Bloch "Si hubo un pueblo que pronto tuvo conciencia de la naturaleza de la adivinación y de las condiciones que la hacían posible y legítima, este fue el pueblo griego (…). Desde luego, tanto filósofos como escritores adoptaron en Grecia diversas posturas y matices en relación con la adivinación, pero todos se dieron cuenta de que el conocimiento del futuro presupone necesariamente su preexistencia"[23]. No pretendemos desacreditar a Bloch pero sí hacer notar que en el antiguo pueblo andino también hubo conciencia de la naturaleza de la adivinación y fueron muchas las condiciones que la legitimaron si bien no en el mismo sentido que en la Grecia estudiada sí en uno muy peculiar que veremos a continuación.

---

[21] Enigma es un concepto que se separa de la adivinación, está algo más separado de la esfera divina, tiende a convertirse en lucha humana por la sabiduría, pero su matriz religiosa está presente.
[22] Cf. Colli, Giorgio. *El nacimiento de la filosofía*. Barcelona, 2000, Tusquets Editores, S.A. p.65
[23] Cf. Raymond Bloch. *La adivinación en la antigüedad*. México, 2004, FCE. p.152

Oraculos en el Tahuantinsuyo

Oráculos en el Tahuantinsuyo: importancia, función principal

El culto a lo sagrado fue una constante en los pueblos pre incaicos, por lo tanto no extraña que durante el incanato se continúe y refuerce estas prácticas entre las que se encontraban los oráculos. Llamado por algunos un *hecho social total*. Veremos de qué se trata.

Hablar de oráculos en los andes es primeramente hablar de *huacas*. ¿Y qué es un *huaca*? *Huaca* es término en la lengua quechua que significa "santuario", pero que se refería tanto a *lugares* como a *objetos* o productos del hombre, en los que se reconocía una potencia cuyos favores se pretendía obtener mediante las prácticas de culto. Las *huacas* más importantes para los agricultores eran las grandes piedras anicónicas erigidas en medio de los campos cultivados como "guardianes de los campos", pero *huaca* eran también las momias de los soberanos incas.

Huaca se refiere a muchas cosas a la vez, pero todas ellas ligado a lo sagrado. Una de las características que tiene para nuestros fines es la particularidad del habla. Algo sagrado es una huaca siempre y cuando pueda comunicarse. "En efecto, con el termino genérico de huaca, los andinos indicaban la fuerza que *animaba* lo que comúnmente está inanimado; y esta animación se manifestaba, en primer lugar, a través de la facultad de hablar, de comunicarse con los hombres"[24].

Por otro lado, y con esto nos acercamos al campo social y político de los oráculos, estos también eran *referentes de identidad de una población*, eran intermediadores entre el inca y el pueblo, eran a fin y al cabo quienes hablaban como intermediarios entre ambas esferas; y también entre la divina y la humana. Ahora, ¿Cuál era el decir de un oráculo andino?, ¿qué es eso que decía? Para responder esto tengamos en mente que a diferencia de lo que hubo en Grecia o en otras civilizaciones del mediterráneo u otras partes del mundo aquí no hubo hasta donde se sabe sistemas grafo-fonéticos. La manera de transmitir conocimientos fue distinta. Aquí tuvimos quipus, tocapus, ceques y oráculos. Estos cumplían una función escritural y normativa a la vez, similares a los textos sagrados o códigos legales de otras culturas.

Así pues, el decir de un oráculo andino fue *normas de convivencia*, de mensajes de los subalternos al Inca y del Inca a los subalternos. Del dios a los hombres. Los oráculos andinos, hablando en voz clara, intermediaban. Su decir se

---

[24] Vid. *Adivinación y oráculos en el mundo andino antiguo*. Lima, 2008. Fondo Editorial de la PUCP. p. 17

inscribe en lo político-religioso. Con esto coordinaban con el inca la administración de su población. Por ello no es de extrañar que los oráculos aquí fueran una importante institución.

Oráculos griegos y andinos. Similitudes y diferencias

Una vez dado estos alcances solo nos queda ver en qué medida podemos tomar a los oráculos griegos para estudiar a los nuestros. En primer lugar veamos las diferencias. Entre los andinos los oráculos cumplieron diversas funciones que en la Grecia estudiada lo cumplió *la escritura*. Los oráculos andinos daban *palabras claras a los gobernantes*, no oscuras como en Grecia. Los oráculos andinos *ayudaban en la convivencia* tanto comunitaria como individual con sus normas éticas que son también religiosas y políticas.

Sin embargo, también hay similitudes y esto es precisamente lo importante. Tanto en el Ande como en la Hélade *los oráculos fueron intermediarios*, los puentes del conocimiento que unía al hombre con lo divino, (y en el caso andino también del hombre con el hombre), con ello se resalta su utilidad. Utilidad que se expresa en lo religioso, en lo práctico tal como fueron entendidos. Para tal fin es necesario recordar las palabras de Aristóteles quien en su *Ética a Nicómaco*, nos dice "en los asuntos prácticos, se juzga por los hechos y por la vida, ya que estos son lo principal. Así debemos examinar lo dicho refiriéndolo a los hechos y a la vida, y aceptarlo, su armoniza con los hechos, pero considerarlo como simple teoría, si choca con ellos"[25]. Los oráculos andinos son un hecho real, parte importante de la vida de los incarios e incluso de sus predecesores, los registros que se tienen de ellos nos confirman su abundancia en este territorio que incluso lo han llamado *tierra de los oráculos*, por lo que postular que ellos son elemento primordial de comunicación entre las esferas sociales y con ello de la sabiduría andina es aceptable.

Así también, tomo la recomendación de Colli quien nos dice "cuando un gran fenómeno ofrece suficiente documentación histórica solo en su parte final, no queda otra solución que intentar una interpolación (…) hay que configurar, aunque sea hipotéticamente, una interpretación"[26]. Eso es precisamente lo que estamos haciendo. Por último, aquí también una de las muchas fuentes de comunicación con los dioses fue el éxtasis místerico, la manía, que se ayudaba en la mayoría de los casos con plantas sagradas.

---

[25] Aristóteles, Ética a Nicómaco, 1179 a 19-23
[26] Cf. Colli, Giorgio. *El nacimiento de la filosofía*. Barcelona, 2000, Tusquets Editores, S.A. p.12

Pronóstico de Huayna Capac

La profecía de Huayna Cápac: implicancias sociales y políticas

Cuenta el Inca Garcilaso de la Vega que cuando Manco II pide la restitución de su poder como Inca y viendo los ánimos de sus guerreros menciona: "si todo no bastase para que nos restituyan nuestro imperio, entenderemos claramente que se cumple la profecía de nuestro padre Huayna Cápac que dejó dicho: había de enajenarse nuestra monarquía, perecer nuestra república y destruirse nuestra idolatría. Ya vemos cumplirse parte de esto. Si Pachaca lo tiene así ordenado ¿Qué podemos hacer sino obedecerle? Hagamos nosotros lo que es razón y justicia, hagan ellos lo que quisieren"[27].

Por su parte Felipe Guamán Poma de Ayala comenta que "la promesa y lo que denunciaron los demonios al Inca, desde sus antepasados incas, fue declarado que habían de salir unos hombres llamados Huiracochas, como dicho fue en este tiempo salieron los hombres Huiracochas cristianos en esta revuelta de este reino".

¿Quiénes eran estos demonios que hablaban con el Inca? Si nos quitamos la piel judeo-cristiana veremos que son los profetas y los adivinos. Adivinos que recurrentemente entraban en estados de conciencia superiores para enunciar sus oráculos, la locura, la mántica estaba presente.

Tenemos pues dos testimonios de cronistas y un elemento a tomar en cuenta, ahora veamos las interpretaciones que se dio a tal oráculo.

Para tal fin tomo las apreciaciones de la profesora sanmarquina Rivara de Tuesta quien en su libro *Pensamiento prehispánico y filosofía colonial en el Perú* nos muestra la importancia de los pronósticos acerca de la llegada de los españoles que si bien no fueron un factor determinante para la caída del reinado Inca pudo ser factor que coadyuvara a tal derrumbe. Ella ve tres aspectos principales en estos pronósticos.

1. *El aspecto mágico fantástico* el cual estaba dirigido a preparar el alma colectiva del pueblo para el mortal acontecimiento; 2. *El aspecto sacerdotal* que mostró como la religión sirvió como vehículo informativo para el pueblo y como a la vez desempeñó un papel intermedio entre el pueblo y los gobernantes; y 3. *El aspecto realístico* que destacó la información que los incas fueron recibiendo sobre los viajes de los españoles a nuestras costas. Estos ámbitos de los pronósticos en el Ande antiguo, nos dice Rivara de Tuesta, muestran que el pensamiento anterior a la conquista española fue de una concepción *sui generis*. Además de manifestar que esta estructura adivinatoria incaica "es significativa en cuanto se manifiesta con

---

[27] Vid. *El reverso de la conquista: relaciones aztecas, mayas e incas.* México, 2000. FCE. p. 81

coherencia en tres planos de pensamiento: el de los incas, que reciben la información, la mantienen en secreto, la reelaboran con ayuda del sacerdocio y por último la transmiten en interpretación mágico fantástica al pueblo, no con ánimo de engaño sino de comunicación con él en términos de su *praxis* religiosa, basada en augurios"[28]. *No con ánimo de engaño sino de comunicación*, lo cual responde a una necesidad cultural tan ajena a la nuestra que necesitaríamos tal vez una *praxis* distinta para acercarnos a comprenderla. Mientras, de manera teórica seguiremos con nuestro estudio. Antes, puntualizamos que la autora nos dice que estos pronósticos no explican ni justifican con suficiencia la caída el señorío incaico.

Fin de la tradición oracular

Con estas pruebas recogidas de la historia puedo afirmar lo que cuestioné en el tercer apartado: el saber oracular que también contaba con elementos de éxtasis y posesión era un saber útil, práctico, un saber que no solo implicaba el mostrar un conocimiento sobre las cosas sino que también daba señalamientos en cuanto a cómo actuar, a cómo enfrentar, en el caso del incanato, un evento tan grave que decidiría su futuro.

Karen Spalding comenta que los sacerdotes andinos, a pesar de la persecución española, pudieron mantener vivo el culto a los ancestros y la práctica de las consultas oraculares tradicionales, por lo menos en las zonas apartadas de la sierra por un motivo principal: "esos rituales daban respuestas a las necesidades materiales y morales básicas y cotidianas de la gente y contribuían a reafirmar su identidad étnica y comunitaria, permitiendo enfrentar con mayor determinación los embates de la dominación colonial"[29] Se verifica pues lo mencionado, el oráculo andino no solo implicaba sabiduría teórica sino también práctica, sabiduría vital. No es de extrañar pues un fenómeno posterior como en el Taki Onkoy, la transformación danzarina de la mística andina.

Conclusión

El saber andino en su rama oracular es un saber extático, las profecías mostraban seres racionales mientras que los emisores de tal saber serían no racionales. Ahora bien, cuando el oráculo hablaba su palabra se revelaba comunitaria, se revelaba integradora. Los oráculos regulaban y sustentaban gran parte de la vida socio-política andina, desempeñaron funciones análogas a los de los textos sagrados y

---

[28] Vid. *Pensamiento prehispánico y filosofía colonial Tomo I.* Lima, 1964. Mortiz. p. 172
[29] Cf. Curatola, M., & Ziólkowski, M. *Adivinación y oráculos en el mundo andino antiguo.* Lima, 2008, Fondo Editorial de la PUCP. p. 12

códigos legales, formularon muchas normas, expresiones de la voluntad que los hombres hacían cumplir.

La relevancia de esta institución oracular se vio en la última etapa del incanato, en ese entonces algunos sacerdotes fueron muertos por dar respuestas en contra del Inca, pero ello no debe interpretarse como una falta de coherencia con la divinidad sino como una impiedad propia de tiempos caóticos. Los oráculos revelaban la *verdad* ateniéndose a las consecuencias y así el aguijón de la sabiduría atacaba al sabio.

Bibliografía

Bloch, R. (2004). *La adivinación en la antiguedad.* México: FCE.
Colli, G. (2000). *El nacimiento de la filosofía.* Barcelona: Tusquets Editores, S.A.
Curatola, M., & Ziólkowski, M. (2008). *Adivinación y oráculos en el mundo andino antiguo.* Lima: Fondo Editorial de la PUCP.
Filoramo, G., Massenzio, M., Raveri, M., & Scarpi, P. (2000). *Historia de las religiones.* Barcelona: Crítica.
León-Portilla, M. (1964). *El reverso de la conquista: relaciones aztecas, mayas e incas.* México: Mortiz.
Limon Olvera, S. (2005). Oráculos y adivinación en los andes: su significado político religioso. *Mitológicas*, 9-24.
Nietzsche, F. (2010). *El nacimiento de la tragedia.* México: Grupo Editorial Tomo, S.A de C.V.
Rivara de Tuesta, M. L. (2000). *Pensamiento prehispanico y la filosofía colonial en el Perú Tomo I.* Lima: FCE del Perú S.A.

www.ingramcontent.com/pod-product-compliance
Lightning Source LLC
Chambersburg PA
CBHW041623220426
43662CB00001B/34